Ike Sprenger

SchreibMeditation

Kunst und Schrift im Grenzland

Ike Sprenger

SchreibMeditation

Die Insel der Stille

Kunst und Schrift im Grenzland

Inhaltsverzeichnis

Einleitung

Immer wieder gibt es Momente im Leben, in denen es guttut, sich zu zentrieren, innezuhalten, sich zu besinnen und nachzuspüren, wie wir unseren Lebensweg weiter gestalten wollen.

Den Weg der Stille gedanklich und schreibend zu pilgern, ist eine gute Möglichkeit sich auszurichten und (wieder) bei sich selber anzukommen.

Ich möchte Sie einladen, sich mit mir auf eine ganz persönliche Pilgerreise zu begeben.

Meine eigene Pilgerreise wurde angeregt durch die „Insel der Stille", eine kleine Insel im Ortasee.
Im Reiseführer als unspektakulär beschrieben, finden hier Menschen auf kleinstem Raum Stille und Meditation.

Der Pilgerweg hat einen Hin- und Rückweg.
Jeweils 10 Stationen laden zum Verweilen und zur inneren Einkehr ein.
Zu jeder Station habe ich Anregungen entwickelt, die zur Klärung und Betrachtung dienen. Darüber hinaus gibt es Schreibimpulse, die Sie unterstützen, sich dem jeweiligen Thema schreibend zu nähern bzw. intensiv zu widmen.
Sie entscheiden bei jedem Impuls, ob Sie sich auf die Reflexion konzentrieren oder schreiben wollen oder beides.

Als erste Orientierung finden Sie im Folgenden die beiden Wege mit ihren jeweils 10 Stationen im Überblick:

Der Weg der Stille – die Hinreise

1. Höre der Stille zu.
2. Lausche auf das Wasser, auf den Wind, auf deine Schritte.
3. In der Stille akzeptierst und verstehst du.
4. In der Stille nimmst du alles an.
5. Die Stille ist die Sprache der Liebe.
6. Stille ist der Friede des Ichs.
7. Stille ist Musik und Harmonie.
8. Stille ist Wahrheit und Gebet.
9. In der Stille begegnest du dem Meister.
10. In der Stille atmest du Gott ein.

Die Reise zu dir – die Rückreise

11. Jede Reise beginnt ganz nah.
12. Die Mauern befinden sich in deinem Geist.
13. Öffne dein Wesen.
14. Das ist der Zeitpunkt, hier und jetzt.
15. Lasse das Ich und das Mein hinter Dir.
16. Nimm dich an, wachse und werde reif.
17. Sei einfach, sei wie du bist.
18. Der Weise lächelt, wenn er sich irrt.
19. Wenn du es erreichst, das zu sein, was du bist, dann bist du alles.
20. Wenn du bewusst geworden bist, ist die Reise zu Ende.

Die Insel der Stille heißt Dich willkommen

Ich freue mich sehr, dass Du[1] Dich mit mir auf diese Pilgerreise begibst.

Am Ende jeder Station findest Du meine eigenen Texte. Vielleicht ziehst Du es vor, zunächst selbst zu schreiben und meine Texte anschließend zu lesen oder Du lässt Dich durch meine Texte anregen. Schau, was für Dich am besten ist.
Und jetzt lass uns einen Teil unseres Weges gemeinsam gehen.

---

[1] Liebe Pilgerin, lieber Pilger, für die Arbeit mit diesem Buch ist es angenehmer, wenn wir uns duzen. Als Schreiberin aus Leidenschaft nutze ich die Gelegenheit, selbst zu den Impulsen zu schreiben und Dich schreibend zu begleiten.

Der Weg der Stille – die Hinreise

Nimm Dir Zeit, folgenden Fragen nachzuspüren:

- ❖ Was bedeutet Stille für Dich?

- ❖ Was tust Du, um hinter all dem Lärm die Stille wahrzunehmen?

- ❖ In welchen Momenten liebst Du die Stille, in welchen eher nicht?

- ❖ Wie tief kannst Du in die Stille eintauchen?

- ❖ Höre der Stille zu. Was erzählt sie Dir?

Schreibimpuls 1
Schreibe einen Antworttext zu den Satzanfängen:

Stille bedeutet für mich

....

....

Hinter all dem Lärm

....

....

In diesen Momenten

....

....

Ganz tief in mir

....

....

Die Stille erzählt mir

....

....

Foto: Frederik Jundel

Stille

Stille ist die Präsenz der Sinne und gleichzeitig die Abwesenheit
der bewussten Wahrnehmung.
Ich rieche den Wind.
Ich schmecke die Sonne.
Ich sehe das Flimmern der Berge im Hintergrund.
Ich höre den Puls der Natur um mich herum und gleichzeitig
den Pulsschlag in meinem Blut.
Ich fühle mich eins, mit allem verbunden, verliere mich in der
Stille, um mich zu finden.

Hinter all dem Lärm ist Ruhe.
In diesen Momenten bin ich wirklich glücklich.

Ganz tief in mir entsteht die Ahnung der Unendlichkeit.

Die Stille singt mir ihr ewiges Lied und ich bin's zufrieden, eine
Note zu sein.

Ike 2025

Station 2: Lausche auf das Wasser, den Wind, auf Deine Schritte

> Lausche auf das Wasser, den Wind, auf deine Schritte.
>
> Listen to the water, the wind, your steps.
>
> Escucha el agua, el viento, tus pasos.

Meditation

Die zweite Station ist dem Hören gewidmet.

Wir machen gemeinsam eine Reise zu Deinem Lieblingsgewässer.
Ist es ein See, ein Fluss, ein Teich, das Meer?

Schließ die Augen und lass das Gewässer Deiner Wahl vor Deinem inneren Auge entstehen.

Konzentriere Dich auf den Klang des Wassers, was genau hörst Du …?
Spürst Du die Luft um Dich herum, wie fühlt sie sich an?
Lausche dem Klang Deiner Schritte.
Welche Melodie haben sie heute?
Welchen Takt geben sie vor?

Höre das Konzert Deiner Schritte im Zusammenspiel mit dem
Wasser, dem Wind.
Wasser, Wind, Schritte – alles ist eins.
Alles bist Du ….

Bleibe solange Du magst.
Und wenn Du zurückkommst, weißt Du sicher, dass Du jeder-
zeit wieder dorthin reisen kannst, an deinen Ort des Wassers.
Deine Auszeit, wann immer Du sie brauchst.

Schreibimpuls 2
Beschreibe Deinen Pilgerweg des Wassers.

- ❖ Was macht ihn so besonders für Dich?

- ❖ Beschreibe seinen Klang, seine Melodie.

- ❖ Wenn Du möchtest, nutze auch Deine anderen Sinne.

- ❖ Wie fühlt es sich an?

- ❖ Was gibt es zu sehen, zu riechen, zu schmecken?

Wenn Du magst, erzähle einem lieben Menschen von diesem
Ort.

Ich bin Doppelschützin.
Ich habe zwei Meere in mir.
Eins für jede Schützin.
Das eine ist wild,
mit Vorsicht zu genießen,
rau und laut,
bereit zu verschlingen
und wieder auszuspucken.

An manchen Tagen ist es gnädig.
Dann liebkost es den Körper karibisch-grün.

Das andere ist ruhig.
Es klimpert mit Kieseln.

Doch wenn der Wind die Regie übernimmt,
bäumt es sich auf
und erinnert daran,
dass das Meer Urgewalt ist,
das Feuer in Wind und Wasser.

Dann ist es Zeit zur Erdung:
den Klang meiner Füße zu hören,
den Sand unter den Füßen zu spüren,
den Wind zu riechen,
das Salz auf den Lippen zu schmecken,
mich wieder einmal sattzusehen.

Ike 2025

In der Stille akzeptierst und verstehst du.

In the silence you accept and understand.

En el silencio aceptas y comprendes.

Beantworte folgende Fragen für Dich:

- ❖ Was bedeutet Akzeptanz für Dich?

- ❖ Akzeptierst Du Dich selbst? Ganz oder gibt es Anteile, die Du nicht akzeptieren möchtest?

- ❖ Was kannst Du tun, um Dich ganz zu akzeptieren?

- ❖ Höre auf Deine innere Stimme, was möchte sie Dir mitteilen?

Schreibimpuls 3
5-8 Minuten Freewriting zum Thema: „Selbstakzeptanz"

Schreibe das Wort <u>Selbstakzeptanz</u> auf ein Blatt Papier.
Dann schreibe 5-8 Minuten zu diesem Stichwort, ohne den Stift abzusetzen. Wähle nicht aus, nimm, was kommt. Wenn das Schreiben stockt, beginne wieder mit dem Wort Selbstakzeptanz.
Nach spätestens 8 Minuten bist Du bei dem Thema angekommen, das Dich im Moment am meisten beschäftigt.

Lies deinen Text noch einmal durch und unterstreiche die Worte, die Dir am wichtigsten sind.
Schreibe zu diesen Worten einen Text und lasse Dich überraschen, welche Form er annimmt.

Selbstakzeptanz

Wer ist das Selbst, das akzeptiert?
Und was soll es akzeptieren?
Dass ich so bin, wie ich bin?
Das muss nicht akzeptiert werden, das ist einfach nur Realität.

Akzeptanz als Tatsache ist leicht, auch Selbstakzeptanz.
Erst wenn die Wertung gut oder schlecht oder zumindest weniger gut hinzukommt, wird's kompliziert.
Dann steht Veränderung an und die Gefahr, vor lauter ändern wollen das Leben zu verpassen.

Das Leben ist Augenblick, ist Jetzt, ist reine Akzeptanz.
Wenn du das verstehst, verstehst du alles.

Ike 2025

Station 4: In der Stille nimmst Du alles an

In der Stille nimmst du alles an.

In the silence you recieve all.

En el silencio lo aceptas todo.

Anregung

Alles, was Dir widerfahren ist, hat Dich auf Deinem Lebensweg gestärkt.

- ❖ Notiere die Gegebenheiten, die Dich haben wachsen lassen. Tue es ohne Bewertung. Entscheidend ist, dass sie zu Deiner Entwicklung beigetragen haben.

- ❖ Stelle Dir Dein Leben als Linie vor, male sie auf, wenn Du magst. Was waren Deine Entwicklungsherausforderungen?

Meine Entwicklungsherausforderungen:

....

....

....

....

....

Schreibimpuls 4
Meine Entwicklungsherausforderungen

Wähle die wichtigsten Entwicklungsherausforderungen aus
und schreibe dazu einen Serientext, dessen Zeilen mit den
Worten beginnen:

Ich erinnere mich

....

....

Ich erinnere mich

....

....

Ich erinnere mich

....

....

Ich erinnere mich

....

....

Ich erinnere mich

....

....

Ich erinnere mich

....

....

Das Leben ist eine Reise

Das Leben ist eine Reise mit dem Wunsch anzukommen,
an einem Ort, der mir gefällt,
bei Menschen, die ich liebe,
bei einer Arbeit, die mich erfüllt,
mit einer Philosophie, die mir entspricht.

Meine Familie hatte wenig Zeit und noch weniger Geld, um zu reisen. Und so wurde das Reisen für mich zu etwas Besonderem, das ich mir selbst erarbeiten und erschließen musste.

Ich erinnere mich an meine 1. Reise nach Holland, direkt nach dem Tod meines Vaters. Meine Pflegeeltern wollten mich rausholen aus dem Trauerhaushalt und den schwarzen Kleidern.
Das Meer war für mich eine Offenbarung, völlig überraschend war es allerdings, dass es Menschen gab, die eine andere Sprache hatten, die ich nicht verstehen konnte.
Das war ein erster Blick über den Tellerrand und die Ahnung, dass die Welt mehr zu bieten hatte, als ich dachte.

Die 2. Reise, die mich geprägt hat, war meine Trampreise durch England.

Ich erinnere mich an die Aufregung, am Straßenrand zu stehen, den Daumen ausgestreckt, voller Erwartung, wer uns mitnehmen würde und wohin.
Viel zu unerfahren, mir Gedanken zu machen, dass etwas Negatives geschehen konnte, sammelte ich positive Begegnungen mit Menschen, die mir Gutes wünschten und taten.
Das hat meinen Glauben in die Menschen gestärkt.

Meine 3. Reise war kurz, aber bedeutend. Ich zog mit meinem VW-Käfer aus meinem Elternhaus und meiner Ehe aus.

Ich erinnere mich genau an das Freiheitsgefühl, wenn auch mit schlechtem Gewissen, als ich ins Auto stieg, um von Mülheim nach Bochum zu fahren.

Entlassen in die Freiheit der 70erJahre, nahm ich mein Leben selbst in die Hand.

Die nächste Reise ging mit meiner WG nach Jugoslawien, eng zusammengepresst mit 4 Personen, Gepäck und allen, was wir brauchten, um 14 Tage zu überleben. Geld hatten wir keins.

Ich erinnere mich noch gut an die vielen Gerichte, die wir aus den immer gleichen Zutaten von Aldi zauberten. Noch heute liebe ich es, aus Resten ein Festmahl zu bereiten.

Die 5. Reise war meine einzige Fernreise: über die Bahamas nach Mexiko, Guatemala und Belize.

Ich erinnere mich gerne an die Menschen unterschiedlicher Nationen, die friedlich miteinander die Welt erfahren wollten. In aller Unterschiedlichkeit verband uns der gemeinsame Glaube an „leben und leben lassen".

Die 6. Reise führte mich nach Frankreich, zur großen Düne von Pilat.

Ich erinnere mich an die Klarheit der Erkenntnis, dass ich so oft wie möglich ans Meer musste und zwar ans wilde Meer mit Wind und Wärme.
Meer, Wind und Wärme, der Stoff, aus dem mein Glück besteht.

Ich erinnere mich gerne an die Reisen mit meiner Freundin Heidemarie nach Kreta und auf die Dodekanes-Inseln. Alles sind wir zu Fuß abgewandert, in dem einzigen Tempo, das mich wirklich sehen lässt. Die Qualität vieler kleiner Gegebenheiten löste die Quantität endgültig ab.

Und dann kam die Wüste. Wind, Meer, Wärme und Wüste –
meine Wahlheimat Fuerteventura. Und mein Berg, auf den ich
blicke, während ich diese Zeilen schreibe.

<u>Ich erinnere mich</u> ganz genau, wie mein Herz aufging und sagte:
Zuhause!

Angekommen, an dem Ort, der mir gefällt,
bei dem Menschen, den ich liebe,
bei einer Arbeit, die mich erfüllt,
mit einer Philosophie, die mir entspricht.

Ike 2025[2]

---

[2] Wenn Du Dich für meine Lebensreise interessiert, findest Du sie in
meinem Roman: „Nomadin des Sommers – Eine Lebensreise" unter-
haltsam geschildert. Ike Sprenger, Nomadin des Sommers, BoD 2024

Die Stille ist die Sprache der Liebe.

The silence ist he language of love.

El silencio es el lenguaje del amor.

Beantworte folgende Fragen für Dich:

❖ Mit welchen Menschen kannst Du schweigen und dabei eng verbunden sein?

❖ Gibt es Orte des Schweigens, die Du liebst?

❖ Was geschieht, wenn Du Dein inneres Geplapper zum Schweigen bringst?

Schreibimpuls 5
Schreibe ein Pantoum zu der Kernaussage „Die Stille ist die Sprache der Liebe."

Ein Pantoum ist eine spezielle tibetanische Gedichtform von 20 Zeilen, in der eine bestimmte Anzahl von Zeilen wiederholt wird.
Wer diese Gliederung verwendet, kann in kurzer Zeit ein Gedicht schreiben und die Essenz des Augenblicks oder Gefühle, die im Inneren auftauchen, festhalten.

Häufig ist es überraschend erhellend, weil Gedanken und

Emotionen aus unserem Unbewussten auftauchen.

Ein Pantoum zu schreiben ist eine Art Meditation und macht Spaß.
Das Wichtigste dabei ist, in Worte zu fassen, was uns als erstes in den Sinn kommt, ohne korrigierend einzugreifen.

Jetzt beginnen wir mit den 20 Zeilen zu unserer Kernaussage: „Die Stille ist die Sprache der Liebe."

<u>Zeile 1:</u> Beginne den Satz mit Ich … und baue die Kernaussage ein.

Ich ....

<u>Zeile 2:</u> Wo stehst Du?

Ich ....

<u>Zeile 3:</u> Was siehst Du?

Ich ....

<u>Zeile 4:</u> Notiere den Gedanken, der in Verbindung mit der Kernaussage auftaucht.

....

<u>Zeile 5:</u> Wiederhole Zeile 2.

....

<u>Zeile 6:</u> Was ist Deine gefühlsmäßige Reaktion auf Zeile 2?

....

<u>Zeile 7:</u> Wiederhole Zeile 4.

....

<u>Zeile 8:</u> Wie reagierst Du auf Zeile 4?

....

<u>Zeile 9:</u> Wiederhole Zeile 6.

....

<u>Zeile 10:</u> Was empfindest Du dabei?

....

<u>Zeile 11:</u> Wiederhole Zeile 8.

....

<u>Zeile 12:</u> Wie fühlt sich das an?

....

<u>Zeile 13:</u> Wiederhole Zeile 10.

....

<u>Zeile 14:</u> Was fühlst Du dabei?

....

<u>Zeile 15:</u> Wiederhole Zeile 12.

....

<u>Zeile 16:</u> Deine Reaktion darauf?

....

<u>Zeile 17:</u> Wiederhole Zeile 14.

....

<u>Zeile 18:</u> Wiederhole Zeile 3.

....

<u>Zeile 19:</u> Wiederhole Zeile 16.

....

<u>Zeile 20:</u> Wiederhole Zeile 1.

....

„Die Stille ist die Sprache der Liebe."[3]

Ich liebe es, mit Menschen zu schweigen.
Wir sitzen am Wasser oder bauen Steinmännchen oder betrachten gemeinsam ein Bild.
Ich sehe Schaumkronen oder Steine, die sich zu Steinmännchen formen oder ein Bild, das zwei Menschen anspricht.
Es ist nichts Zusätzliches nötig, alles ist bereits perfekt.
Ich genieße die Harmonie des Zusammenseins.
Ich bin glücklich.
Ich fühle mich verbunden ohne Worte.
Ich fühle Zeitlosigkeit.
Es ist der perfekte Augenblick.
Ich bin ganz im Jetzt.

Ike 2025

---

[3] Dies ist eine überarbeitete und komprimierte Form meines langen Pantoum.

> Stille ist der Friede des Ichs.
>
> Silence ist he peace of oneself.
>
> El silencio es la paz del yo.

Zeichne ein Dreieck mit den Spitzen: Stille, Friede, Ich.

Schreibe gegen den Uhrzeigersinn jeweils einen Gedanken auf zur Verbindung:

- ❖ Ich und Friede

- ❖ Friede und Stille

- ❖ Stille und Ich.

Dann einen zweiten …
dann einen dritten …
… solange sich das Dreieck gedanklich dreht.

Ein Anschauungsbeispiel:

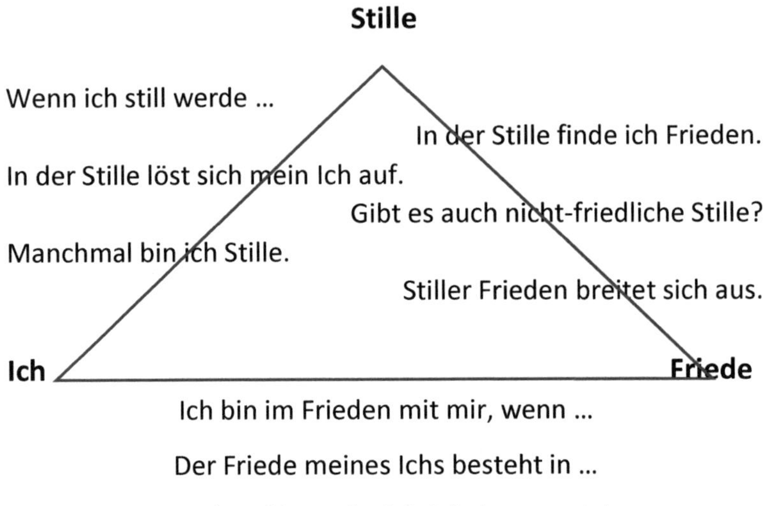

Ich bin im Frieden mit mir, wenn …

Der Friede meines Ichs besteht in …

Manchmal brauche ich Frieden vom Ich.

Schreibimpuls 6
Nimm Dir deine Assoziationen nacheinander vor und schreibe dazu Elfchen oder Wortkaskaden.

Ein Elfchen besteht aus 11 Wörtern in folgender Reihenfolge:

1. Zeile - 1 Wort
2. Zeile - 2 Wörter
3. Zeile - 3 Wörter
4. Zeile - 4 Wörter
letzte Zeile - 1 Wort

Eine Wortkaskade besteht aus beliebig vielen Wörtern in folgender Reihenfolge:

1. Zeile - 1 Wort

2. Zeile - 2 Wörter

3. Zeile - 3 Wörter

4. Zeile - 4 Wörter

5. Zeile - 5 Wörter

6. Zeile - 6 Wörter

etc.

letzte Zeile - 1 Wort

Stille ist der Friede des Ichs

Ich
bin in
Frieden mit mir,
wenn ich in der
Sonne sitzen kann und die
Natur um mich herum zu spielen
beginnt.

Auch
in der
Stille finde ich
Frieden. Nichts hören, einfach
sein.

Wenn
ich still
werde, wird die
Welt still. Wir schweigen
gemeinsam.

Der
Friede meines
Ichs besteht in
Achtsamkeit und Aufmerksamkeit für
Kleinigkeiten.

Es
gibt auch
nicht friedliche Stille.
Einander vorwurfsvoll ansehen, verbissen
schweigen.

In
der Stille
löst sich mein
Ich auf. Dann bin
ich reines Erleben und reine
Existenz, bevor sich auch das aufzulösen
beginnt.

Manchmal
brauche ich
Frieden vom Ich.
Dann stelle ich mir
vor, ich wäre ein Baum
oder ein Berg, oder der Wind.
Formenwandlerin.

Stiller
Frieden breitet
sich aus, wenn
ich die Form wechsele.
Verwandlungskünstlerin.

Und
manchmal bin
ich die Stille
selbst. Existenz in Nicht – Existenz.
Friede.

Ike 2025

> Stille ist Musik und Harmonie.
>
> Silence is music and harmony.
>
> El silencio es música y armonía.

Meditation

Erinnere Dich an eine Situation der Stille, die besonders harmonisch war.

Gib der Situation einen Namen. Wie heißt sie?

Schau Dich um, was es zu sehen gibt …

Fühle, was es zu fühlen gibt …

Vielleicht gibt es etwas zu riechen oder zu schmecken?

Und jetzt öffne Dein inneres Ohr.
Lausche hinein in die Situation.
Welchen Klang hat sie?

Bitte Dein Unbewusstes, Dir eine Melodie zu schicken.

Sie kann Dich begleiten, wann immer Du Harmonie brauchst.
Du kannst Dein inneres Lied jederzeit ändern, oder neue sammeln.
meln.
Erfreue Dich an Deiner Musik der Harmonie.

Beschreibe sie aus der Perspektive einer 3. Person, wie eine Außenbetrachterin, ein Außenbetrachter.
Wenn Du möchtest, finde einen neuen Namen für Dich.
Vielleicht begleitet er Dich auf dem weiteren Pilgerweg.

Die Geburt des Sonnentanzes

Anna hasst, seit sie denken kann, die Dunkelheit und die Kälte. Als Novembergeborene ist ihr die Erfahrung der Dunkelheit eingebrannt und der schwelende Zweifel, ob es jemals wieder hell werde.

Seit Tagen ist es nicht mehr hell geworden in der Eifel.
13 Frauen haben sich zusammengefunden, um im meditativen Tanz ihre Energien zu verbinden und weiterzugeben.

Mittlerweile sind alle zermürbt vom stetigen Getröpfel des Regens.
Nur Katharina nicht, die Schöpferin der Tänze. Sie weiß um ihre Magie.

Und sie weiß, dass jetzt etwas passieren muss.
Sie lässt die Musik Enas Mythos von Nana Mouskouri vom Band erklingen und gibt Anweisungen zu den einfachen Tanzschritten: rechts – ran – federn, vorwärts - ran -federn, rückwärts - ran - federn und rechts – ran – federn …..
Der Kreis beginnt sich nach rechts zu drehen: einmal, zweimal, dreimal und noch mal …
Langsam tritt Ruhe ein.

Und dann die Aufforderung: die Hände umfassen und in die andere Richtung tanzen.
Spannung und Energie baut sich auf.
Der Kreis nach links ist der Kreis der Kraft.

Und plötzlich wird alles klar.
Anna ruft in die Runde: „Wir müssen uns nach außen drehen, die Energie in die Welt schicken, die Dunkelheit durchbrechen.“

Die Frauen drehen sich um, tanzen den Kreis nach außen und singen mit lauter Stimme:
„Ena mytho tha sas po pou ton mathame pedia …“

Und endlich brechen die Wolken auf.
Die Sonne leuchtet in den tanzenden Kreis.
Der Sonnentanz ist geboren.

Und Anna ist frei.
Sie weiß jetzt, wie sie die Sonne lockt.
Die Melodie gesummt,
die wiegenden Schritte,
es dauert nicht lange,
die Sonne ist da.

Ike 2025

Stille ist Wahrheit und Gebet.

Silence is truth and prayer.

El silencio es verdad y oración.

10-Wort-Ketten - Assoziationen

Wir nutzen unsere spontanen Assoziationen zur Bildung von 10-Wort-Ketten zu den Begriffen: Stille, Wahrheit und Gebet.

Schreibe jeweils 10 Assoziationen auf, die Dir zum Stichwort Stille einfallen, dann zum Stichwort Wahrheit und als letztes zum Stichwort Gebet.

Stille	Wahrheit	Gebet
1.	1.	1.
2.	2.	2.
3.	3.	3.
4.	4.	4.
5.	5.	5.
6.	6.	6.

7.	7.	7.
8.	8.	8.
9.	9.	9.
10.	10.	10.

Schreibimpuls 8
Verkettungen

Nimm alle 1er-Aussagen und schreibe dazu. Danach nimm alle 2er-Aussagen etc.

Verkettungen

Stille	Wahrheit	Gebet
1. Jenseits des Lärms	1. Wahrhaftigkeit	1. Ich bitte um
2. Klang der Stille	2. Ehrlichkeit	2. Gebet enthält geben
3. Bei mir sein	3. Sinnreise	3. Nehmen und Geben
4. Meditation	4. Antworten	4. Ausgerichtet sein
5. Entspannung	5. Fragen	5. Namasté
6. Loslassen	6. Höhere Wahrheit	6. Die betenden Hände von Dürer
7. Ruhe	7. Bestimmung	7. Fürbitte
8. Friede	8. Selbstbestimmung	8. Abbitte
9. Sein	9. Aufrichtigkeit	9. Zwiesprache
10. Im Einklang sein	10. Geborgenheit	10. Kontakt mit dem Göttlichen in mir

1.

Wenn Wahrheit existiert als Zustand des Seins, ist Wahrhaf-
tigkeit der Weg zur Wahrheit.
Ihn zu begehen, braucht Zeit und Raum jenseits des Lärms.
Wie oft habe ich innerlich um mehr Zeit gebeten, um meinen
Weg zu finden, meine ganz persönliche Wahrheit.
Dabei bin ich ihn immer gegangen, meinen eigenen Pilgerweg.
Es gibt keine andere Wahrheit, als Schritt für Schritt seinen Weg
zu gehen in Wahrhaftigkeit.

2.

Der Klang der Stille ist gefüllt mit den Worten, die in mir flüs-
tern.
Wenn ich hinhöre in aller Ehrlichkeit, ist es wie ein Gebet.
Geben macht uns Menschen glücklich.
Wer von Herzen gibt, muss sich um das Nehmen nicht mehr
kümmern.

3.

Nehmen und Geben.
Wenn ich bei mir bin, kann ich aus meiner Fülle schöpfen, es ist
genug da. Alles macht seinen Sinn: Sinnreise.

4.

Wenn ich ausgerichtet bin auf das, was für mich ansteht, finde
ich Antworten, ohne Fragen zu stellen.
Wenn nicht, ist es Zeit für Meditation.

5.

Namasté.
Ich grüße das Göttliche in Dir und auch in mir. Es beantwortet
alle Fragen, wenn ich bereit bin zu hören.
Entspannung.

6.

In meiner Klosterschule haben sie vergeblich versucht, mich auf
ihre höhere Wahrheit hinzutrimmen.
Wer fleißig war, bekam Fleißkärtchen.
Und für 10 Fleißkärtchen die „Betenden Hände von Dürer".
Es ist Zeit loszulassen auf diesem Pilgerweg. Ich bin sicher, am
Ende wird meine Wahrheit stehen.
Ich bin gespannt, was sich da offenbaren möchte.

7.

Fürbitte. Für wen erbitte ich was?
Auf meiner Homepage steht: Meine Bestimmung ist, Menschen
auf ihrem Weg zu begleiten.
Dass ich das weiß, gibt mir innere Ruhe.

8.

Mein jetziger Lebensabschnitt ist Leben in Selbstbestimmung
und Frieden.
Dazu vergebe ich mir und allen anderen alles, was wir an Feh-
lern gemacht haben.
Die Erkenntnis, dass alle ihr Möglichstes tun, macht Abbitte
überflüssig.

9.

Nie aufhören wird die innere Zwiesprache, die sich in aller Auf-
richtigkeit bemüht, das Sein in angemessener Form zu feiern.

10.

In Kontakt mit dem Göttlichen in mir finde ich Geborgenheit.
Dann bin ich im Einklang mit mir und der Welt.

Ike 2025

In der Stille begegnest du dem Meister.

In the silence you meet the Master.

En el silencio te encuentras con el maestro.

Beantworte folgende Fragen für Dich:

- ❖ Welche Menschen, Meister, Lehrerinnen haben Dein Leben beeinflusst?

- ❖ Wie haben sie Dich unterstützt, Dein Leben zu meistern?

- ❖ In welchen Gebieten haben sie Dich zur Meisterschaft angeregt?

Schreibimpuls 9
Freier Text mit Clustern nach Bedarf

Schreibe einen freien Text zum Thema: „Mein Weg zur Meisterschaft".

Wenn Du weitere Anregungen brauchst, clustere[4] das Thema.

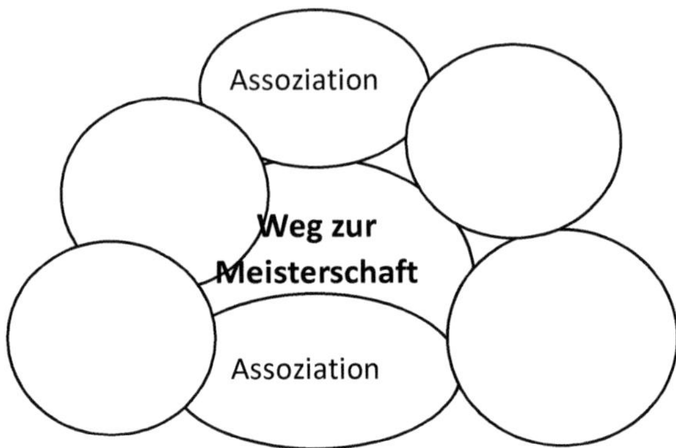

Schauen wir vorwärts auf der Timeline des Lebens, sehen wir Ziele, Wünsche, Herausforderungen, gelegentlich auch Stolpersteine.

Schauen wir rückwärts in der Timeline, sehen wir den Weg der Meisterschaft.

Wir haben so viel geschafft in unserem Leben und immer standen uns im rechten Augenblick Menschen zur Seite, entweder persönlich oder durch ihre Werke.

Ich danke Dieter Duhm für mein politisches Erwachen, meiner Freundin Heidemarie für ihre spirituellen Anregungen, meiner Kollegin Traute für ihre Motivation, NLP-Meisterschaft zu

---

[4] Das Wort „Cluster" bedeutet anhäufen. Zu einem Thema werden Assoziationen gesammelt und um das Thema herum gruppiert. Sie unterstützen den Gedankenprozess und später das Schreiben.

entwickeln, Renate für die Hinführung zum therapeutischen Schreiben und Uta für meinen Zugang zur Kunst.

Ich danke Doro, die die ZEN-Haltung in mein Leben gebracht hat und den vielen Autorinnen und Autoren, deren Gedanken meinen Weg begleiten.

Und ich danke meinem Mann, der täglich ein Stück des Weges mit mir geht. Er stärkt mein Erleben im Jetzt.

Schauen wir auf das ewige Jetzt, sehen wir unsere wahre Meisterschaft.

Ike 2021

Station 10: In der Stille atmest Du Gott ein

> In der Stille atmest du Gott ein.
>
> In the silence you breathe God.
>
> En el silencio se respira Dios.

Anregung

Manchmal gibt es Momente in unserem Leben, in denen wir intuitiv das Göttliche oder den allumfassenden Weltengeist in uns spüren. Erinnere Dich an einige dieser Momente. Es können

- ❖ Augenblicke plötzlicher Erkenntnisse sein,

- ❖ Sekunden der Übereinstimmung mit der ganzen Welt,

- ❖ Momente der Klarheit über den eigenen Lebenssinn,

- ❖ Augenblicke der Aufhebung der Grenzen zwischen mir und anderen,

- ❖ Momente totaler Hingabe an etwas oder jemanden,

- ❖ ein Augenblick, in dem ich weiß, ja, das ist es.

Schreibimpuls 10
Assoziationen zum Thema

Schreibe jeweils einen Satz zu folgenden Themen oder suche
Dir das Thema aus, das Dich im Moment am meisten anspricht.

Plötzlich verstehe ich

....

....

Wenn ich verbunden bin mit allem

....

....

Ich erkenne meinen Lebenssinn klar und deutlich

....

....

In vollkommener Harmonie mit

....

....

Ich gebe mich hin

....

....

Ja, das ist es

....

....

Ich atme Gott ein

....

....

Wenn die Zeit stillsteht
verstehe ich
fühle ich mich verbunden mit allem
erkenne ich meinen Lebenssinn deutlich.

In vollkommener Harmonie
gebe ich mich hin.
Ja, das ist es.

Hier
Jetzt
Immer.

Ike 2025

Der Weg der Stille – die Rückreise

> Jede Reise beginnt ganz nah.
>
> Every jouney begins near to you.
>
> Todo viaje comienza muy cerca.

Diese Station ist dem Reisen gewidmet. Nimm Dir Zeit, folgenden Fragen nachzuspüren:

- ❖ Was bedeutet Reisen für Dich?

- ❖ Welche ist Deine liebste Art zu reisen?

- ❖ Gibt es Menschen, mit denen Du gerne zusammen reist? Wenn ja, warum gerade mit ihnen?

- ❖ Welche Reisen machst Du gerne alleine?

- ❖ Was ist der Unterschied?

Schreibimpulse 11
Brief

Schreibe einen Brief an eine Person, mit der Du gerne reist.
Erzähle ihr, warum Du es so liebst, mit ihr zu reisen.

Freier Text
Oder schreibe einen Text über das Wesen des Alleinreisens.
Er kann mit dem Satz beginnen: „Jede Reise beginnt ganz nah."

....

....

....

....

....

Oder auch beides.

Reisen hat für mich nichts mit Fernweh zu tun.
Eher mit dem Bedürfnis nach Nähe und zwar Nähe zu mir
selbst.

Wenn es mir eng wird in meinem Alltag, wenn alles zu viel wird,
ich hinter meinem Leben nicht mehr herkomme, dann bricht sie
hervor, die Sehnsucht zu reisen.

Unterwegs sein mit einem Minimum an Dingen.
Leben mit meinem Schneckenhaus auf dem Rücken.
Draußen sein.
Schauen, fühlen, riechen, schmecken, hören, die Sinne öffnen.

Dazu brauche ich Orte der Leere, die die Sinne ansprechen,
ohne zu belasten.
Mich zieht es in die Einsamkeit und in die Wärme, ans Meer und
in die Wüste.

Wenn ich dann auf Menschen treffe, kann ich lächeln.
Die meisten lächeln zurück.
Und ich bin froh und bei mir, ganz nah.

Vor fünf Jahren ist ein Wunder geschehen.
Ich bin auf meinen Menschen getroffen.
Er lebt in der Einsamkeit, in der Wärme, in der Nähe des Mee-
res und der Wüste.

Auf seinem Land kann ich die Sinne öffnen, hören, was der
Wind erzählt oder die Hühner oder der Hund oder die Katze
oder mein Mensch.
Ich kann mich sattsehen an der Natur um mich herum und an
den Bildern im Atelier und in unserem Haus.
Ich fühle mich geborgen mit ihm und in meinem Körper, der ge-
streichelt wird von Wind, Wärme und Sonne.
Das Essen aus dem eigenen Garten hat das Riechen und Schmecken belebt, ich weiß wieder um die Sinnlichkeit der Nahrung.

Ist meine Reise hier zu Ende?
Ich weiß es nicht.
Ich brauche es auch nicht zu wissen.
Ich bin ja bei mir, ganz nah und mein Schneckenhaus ist auch
bereit, wann immer eine Reise lockt.

Ike 2025

Die Mauern befinden sich in deinem Geist.

The walls are in your mind.

Las paredes estan en tu mente.

Jetzt ist die Zeit des Handelns.
Fragen und Pläne

- ❖ Gibt es etwas, was Du gerne tätest, Dich aber nicht recht traust?

- ❖ Oder etwas, von dem Du denkst, dass es zu spät, zu abwegig, zu verrückt ist, um es umzusetzen?

Liste die Dinge auf, die Du noch gerne in Deinem Leben machen möchtest.

....

....

....

....

Wähle eine Idee, einen Wunsch, ein Vorhaben aus und
schreibe dazu einen Satz, der beginnt mit:
Ich will

....

....

Dann triff die Entscheidung:
Ich werde die nächsten 30 Tage Folgendes tun, um mein Vorhaben umzusetzen:

....

....

Schreibimpuls 12
Deine persönliche Erfolgsgeschichte

Stell Dir vor, Dein Wunsch ist Wirklichkeit geworden.
Schreibe Deine persönliche Erfolgsgeschichte.
Schreibe sie im Präsens.

- ❖ Was genau passiert auf Deinem Weg der Umsetzung?
- ❖ Was tust Du, was hat das für Folgen?
- ❖ Wie sind Deine Erfolgserlebnisse?
- ❖ Auf welche Ressourcen greifst Du zurück?
- ❖ Gibt es Helfer/-innen, Unterstützer/-innen, Mitstrei-
  ter/-innen?
- ❖ Wann ist der Wendepunkt, an dem Du klar spürst, ja,
  so geht es?
- ❖ Wie fühlt es sich an, so erfolgreich zu handeln?

Und wenn es mal hakt oder schwieriger wird, denke daran, die
Mauern sind nur in Deinem Geist.
Lasse sie fallen und Du kannst alles erreichen.

Anleitung zum Erfolg

Soviel gedacht, durchdacht, bearbeitet.
So viele Pläne geschmiedet und verworfen.
So viele Vorsätze begonnen und wieder verlassen.
Da hilft nur handeln.
Der Vorgang ist einfach.
Entscheidung treffen
30 Tage hintereinander dranbleiben ohne Diskussion mit sich
selbst.
Dann entweder weitermachen, weil es richtig ist.
Oder auf dem Prüfstand modifizieren, bis es richtig ist.

Dann ein erneuter Zyklus.
Entscheidung treffen,
30 Tage dranbleiben,
weitermachen oder
bei Bedarf
modifizieren.

Ike 2025

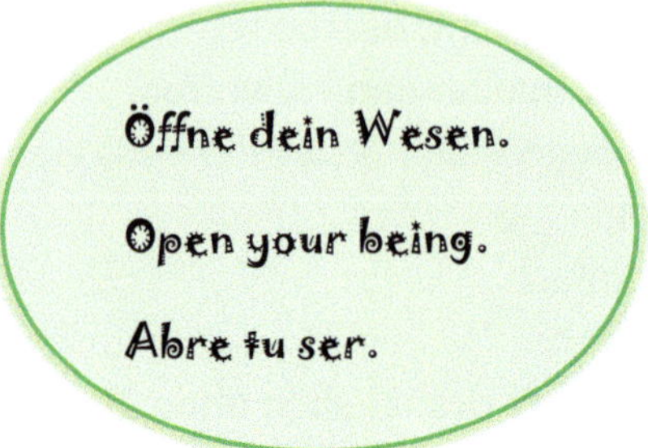

Die 7 Stufen des inneren Systems

Auf der Basis meiner Chakrenarbeit[5] habe ich die sieben Stufen des inneren Systems entwickelt.
Sie eignen sich gut, um unserem Wesen auf die Spur zu kommen.

Notiere den ersten Gedanken, der Dir zu den Satzanfängen einfällt.

Ich lebe

....

....

Ich brauche

....

....

---

[5] Siehe auch: Ike Sprenger, Eine Reise durch die Welt der Chakren, BoD 2023

Ich will

....

....

Ich liebe

....

....

Ich sage

....

....

Ich weiß

....

....

Ich glaube

....

....

Schreibimpuls 13
Vertiefung in eine Stufe deines inneren Systems

Wähle die Stufe, den Satz aus, der Dir heute am wichtigsten ist.
Was ist das Thema hinter dem Thema?
Schreibe Deine Gedanken und Assoziationen dazu auf.
Du hast mittlerweile einiges an Gestaltungsmöglichkeiten aus-
probiert.
Wenn Du magst, experimentiere mit ihnen.

In der Fremde Heimat finden

Wer bin ich hier
auf dieser Insel
im Grenzland am Ende der Welt?

Ich bin immer noch Ike
die alte
und doch nicht mehr so ganz.

Ich bin immer noch Coach
und Schreibtherapeutin
und gleichzeitig Suchende.

Ich begleite Menschen
auf ihrem Weg.

Kann ich mich selbst begleiten?

Woher kommt plötzlich diese Frage?
Ich habe mich immer selbst begleitet
mein Leben lang.

Ich bin meine beste Freundin.
Zum Glück nicht die einzige.

Ike 2021

> Das ist der Zeitpunkt, heute, hier, jetzt.
>
> The moment is present, here and now.
>
> Este es el momento, hoy, aqui, ahora.

Körpermeditation

Mache es Dir so bequem wie möglich.
Wir vertiefen uns heute in die Weisheit des Körpers.

- ❖ Jetzt, in diesem Moment, fühle ich

- ❖ Jetzt, in diesem Moment, sehe ich

- ❖ Jetzt, in diesem Moment, höre ich

- ❖ Jetzt, in diesem Moment, schmecke ich

- ❖ Jetzt, in diesem Moment, rieche ich

- ❖ Jetzt, in diesem Moment, tauche ich mit allen Sinnen ein in die Weisheit meines Körpers

- ❖ Tief in mir erklingt ein Satz:

....

....

....

....

....

....

....

Heute ist der perfekte Tag

Ich bin 69 Jahre alt.
Zeit, um mit Vorsätzen abzuschließen.

Früher waren sie mir
Instrument zur Disziplinierung,
Hilfe zur Strukturierung
und Motivation zur Weiterentwicklung.

69
Magische Zahl.
Dreh- und Angelpunkt des Lebens.
Auf den Kopf gestellt bleibt's 69.

Jetztzeit.
Zukunft ist auch nichts anderes als kommende Jetztzeit.
Heute ist der perfekte Tag zu leben.

Ike 2021

Station 15: Lasse das Ich und das Meine hinter Dir

Lasse das Ich und das Meine hinter dir.

Leave yourself and what is yours.

Deja el yo y el mio detrás de ti.

Nimm Dir Zeit, folgenden Fragen nachzuspüren:

❖ In welchen Situationen kannst Du Dich gut zurücknehmen?

❖ In welchen fällt es Dir schwer?

❖ Gibt es Situationen, in denen Du Dich gerne mehr zurücknehmen möchtest?

❖ Wenn Du von Deinen ganzen Besitztümern nur eins behalten dürftest, was wäre das und warum?

Schreibimpuls 15
Antworten in Versformen

Finde Antworten zu den beiden Fragen:
Wer wäre ich ohne mein Ich?
Wer wäre ich ohne meine ganzen Besitztümer?

Schreibe die Antworten in Wortkaskaden oder in der Versform:
Dreizeiler - Vierzeiler - Fünfzeiler

Ohne
mein Ich
bin ich Augenblick.
Aufblitzendes Bewusstsein, bewusst im
Augenblick sein und wieder verschwinden
um gleichzeitig in allem alles zu
sein.

Ohne Besitz
lebe ich mit dem
was mir zufällt.
Dinge
Gedanken
Begegnungen
Chancen.

Als Nomadin
des Zufalls
nehme ich
dankbar an.

Ike 2025

Nimm dich an, wachse, werde reif.

Accept yourself, grow, ripen.

Acéptate a ti mismo, crece, madura.

Das Leben ist ein Dreiklang: Annahme, Wachstum, Reife

Auf dem Hinweg, an der dritten Station unserer Pilgerreise, hast Du Dir Gedanken über Selbstakzeptanz gemacht. Bei der vierten hast Du Dich mit Entwicklungs- und Wachstumsherausforderungen beschäftigt.
Jetzt widmen wir uns dem 3. Klang des Lebens - der Reife.

Wenn Du an die Menschen denkst, die Deinen Lebensweg gekreuzt haben, von wem würdest Du sagen, er oder sie haben die nötige Reife und wofür?

Wähle spontan drei Menschen aus und schreibe jeweils einen Satz:

X hat die nötige Reife in/für/zu

....

....

Y hat die nötige Reife in/für/zu

....

....

Z hat die nötige Reife in/für/zu

....

....

Was haben diese Menschen gemeinsam?

Und jetzt formuliere einen Satz über Dich selbst:
Ich habe Reife entwickelt in/für/zu/dadurch, dass

....

....

Schreibimpuls 16
Schreibauftrag

Schreibe einen Text zum Thema:
Die Zeit ist reif …

Die Zeit ist reif

Er wirkt so jugendlich, optimistisch, leichtgängig.
Eine Frohnatur,
die in Sorgen nicht den geringsten Sinn sieht.

Wo bleibt bei ihm der Tiefgang, die gründliche Auseinandersetzung mit der Welt und mit sich selbst?

Dies habe er bis zum Exzess betrieben
und beinahe sich selbst verloren.

Die Zeit ist reif,
das Leben zu spielen,
das Unsrige ins Weltennetz einzuspeisen.
Stetig, so gut wir es können.
Und zu verstehen,
es gibt nur dies.

Für Sorgen hat das Leben keine Verwendung.

Ike 2025

Station 17: Sei einfach – sei wie Du bist

> Sei einfach – sei wie du bist.
>
> Be simple, be yourself.
>
> Sólo sé, sé quien eres.

Die Perlen meines Lebens

Jeder Mensch besitzt einen roten Faden des Lebens: die Schnur, auf die sich die Perlen des Lebens aufreihen, Perlen der Momente, in denen wir einfach sind, wie wir sind, ohne Zweifel, ohne nachzudenken.

Schaue Dir Deinen roten Faden an.
Welche Perlen sind aufgereiht?
Vielleicht gibt es auch Edelsteine oder gar Diamanten.

Schreibimpuls 17
Reflexion und Perlen des Lebens

Liste Momente auf, in denen Du so sein konntest, wie Du bist.

....

....

....

....

Was macht diese Momente zu den Perlen des Lebens?

....

....

**Und jetzt sucht Dir eine Perle aus.
Beschreibe sie so gut es geht.**

Ich sitze bei Torino, meiner Lieblingsstrandbar, in der ersten
Reihe mit Blick auf das Meer, die Wüste, die Sonne.
Ich ordere meinen Rotwein und Wasser, manchmal auch Gam-
bas al Ajillo oder Papas arrugadas.
Ich schaue mich satt an den Farben, rieche mich voll an den Ge-
rüchen, schmecke die Schärfe der Speisen, scherze ein wenig
mit den Nachbarn oder der Bedienung und weiß: Genau an diesem Ort will ich sein, mit diesen Menschen, mit diesem Blick,
diesem Gefühl.
Ich bin im Einklang mit der Welt.

Ich greife nach meinem Buch, das mich entführt in andere Wel-
ten, in andere Kontinente, in neue und alte Themen.
Ich lasse mich fesseln von anderem Geschehen und löse mich in
ihm auf.

Manchmal hebt sich mein Blick und fällt auf das quecksilber-
leuchtende Meer im Gegenlicht der Sonne.
Und ich spüre, ich bin wieder Ich, Ich in kompletter Zufrieden-
heit und im Einklang mit dem Meer, der Wüste, dem Licht, dem
Ort und den Menschen um mich herum.

Und wieder hat sich eine Perle auf dem roten Faden meines Lebens aufgereiht und verströmt ihren einzigartigen Glanz.

Ike 2021

> Der Weise lächelt, wenn er sich irrt.
>
> The wise man errs and smiles.
>
> El sabio se equivoca y sonríe.

Irrwege, Umwege, Sackgassen und Seitenpfade

Gäbe es keine Irrtümer, gäbe es auch keine Entwicklung. Schaue zurück auf Deine Irrtümer, Umwege, Irrwege, Seitenpfade, Sackgassen, Missverständnisse.

Liste auf, was Dir spontan einfällt, ohne tiefer in die Gefühle einzusteigen.

Irrtümer

....

....

Umwege

....

....

Irrwege

....

....

Seitenpfade

....

....

Sackgassen

....

....

Missverständnisse

....

....

Über welche kannst Du heute lächeln?

....

....

Schreibimpuls 18
Erinnerungen umschreiben

Suche Dir eine Situation aus, über die Du gerne lächeln möchtest und schreibe diese positiv um – so wie sie für Dich sein
soll.
Schreibe in der Gegenwart.

Viele Wege bin ich gegangen: Irrwege, Umwege, Sackgassen,
um bei mir selber anzukommen.
In Wahrheit war ich natürlich immer dort.

Wo sollten wir auch sonst sein?
Ob wir es spüren oder nicht, wir sind immer bei uns.

Nur der Verstand suggeriert gelegentlich, wir hätten uns selbst
verloren.
Dann hilft nur eins: anhalten, hinsetzen, wahrnehmen, loslassen, lächeln, sein.

Ike 2025

Station 19: Wenn Du erreichst, das zu sein, was Du bist, dann bist Du alles

Wenn du erreichst, das zu sein, was du bist, dann bist du alles.

If you can be yourself, you are everything.

Cuando logras ser lo que eres, lo eres todo.

Unsere Fähigkeit, das zu sein, was wir wirklich sind

Bei der dreizehnten Station hast Du Dich geöffnet und Deinem Wesen nachgespürt, an der siebzehnten Station Momente gefunden, in denen Du genauso sein konntest, wie Du bist.

Jetzt geht es noch einen Schritt weiter.
Es geht um unsere Fähigkeit, das zu sein, was wir wirklich sind.

Schreibimpuls 19
Schreiben mit der nicht dominanten Hand

Schreibe mit Deiner nicht dominanten Hand (Rechtshänder/-innen mit links, Linkshänder/-innen mit rechts) zum Thema: „Tief in meinem Inneren bin ich …"
Nimm, was kommt, egal was es ist.

Sprich den Satz jedes Mal laut aus, und schreibe die auftau-
chenden Wörter oder Sätze mit deiner nicht dominanten Hand
auf.

....

....68..

....

....

....

Anschließend schreibe einen Text mit den Assoziationen, die
gekommen sind.

Ich bin eine alte Frau
manchmal müde
besonders, wenn ich Dinge mache,
die eigentlich eher junge Frauen tun.

Was soll's?

Tief in meinem Inneren
hocken die junge Frau
ausgestattet mit der Fähigkeit
Scheiße zu Gold zu reden,
eine Betrachterin des Möglichen
und das Sonnenkind
fröhlich
glücklich
neugierig.

Ike 2024

Station 20: Wenn Du bewusst geworden bist, ist die Reise zu Ende

Wenn Du bewusst geworden bist, ist die Reise zu Ende ...

When you are aware, the jorney is over ...

Cuando tomas conciencia, el viaje termina ...

Resumée der Pilgerreise

Hier endet die Pilgerreise mit der letzten Station.
Sie ist gleichzeitig auch wieder Ausgangspunkt für eine neue
Reise auf einer höheren Stufe.

Nimm dir Zeit, die gesamte Reise noch einmal Revue passieren
zu lassen.

Schreibimpuls 20
Auswertung der Reise und Konzentration auf das Wesentliche

Schreibe den jeweils wichtigsten Satz aus jeder Station auf:

Station 1

....

....

Station 2

Station 3

Station 4

Station 5

Station 6

Station 7

Station 8

Station 9

Station 10

....

....

Station 11

....

....

Station 12

....

....

Station 13

....

....

Station 14

....

....

Station 15

....

....

Station 16

....

....

Station 17

....

....

Station 18

....

....

Station 19

....

....

Reduktion auf das Wesentliche in drei Sätzen

Reduziere jetzt Deine 19 Sätze, indem Du zunächst die Sätze
wegstreichst, die Dir am wenigsten wichtig sind.
Dann wähle die Wichtigsten aus.
Und zuletzt reduziere solange bis Du noch 3 Kernaussagen
hast.
Das ist das momentane Fazit Deiner Pilgerreise.

....

....

....

....

....

1. Ganz tief in mir entsteht die Ahnung der Unendlichkeit.
2. Ich habe zwei Meere in mir.
3. Das Leben ist Augenblick, ist Jetzt, ist reine Akzeptanz.
4. Meer, Wind und Wärme, der Stoff, aus dem mein Glück besteht.
5. Es ist der perfekte Augenblick.
6. Wenn ich still werde, wird die Welt still.
7. Der Kreis nach links ist der Kreis der Kraft
8. Es gibt keine andere Wahrheit, als Schritt für Schritt seinen Weg zu gehen in Wahrhaftigkeit.
9. Schauen wir auf das ewige Jetzt, sehen wir unsere wahre Meisterschaft.
10. Ja, das ist es.
11. Ich bin ja bei mir, ganz nah und mein Schneckenhaus ist auch bereit, wann immer eine Reise lockt.
12. Entscheidung treffen, 30 Tage dranbleiben, weitermachen oder bei Bedarf modifizieren.
13. Ich bin meine beste Freundin.
14. Heute ist der perfekte Tag zu leben.
15. Als Nomadin des Zufalls nehme ich dankbar an.
16. Für Sorgen hat das Leben keine Verwendung.
17. Ich bin im Einklang mit der Welt.
18. Anhalten, hinsetzen, wahrnehmen, loslassen, lächeln, sein.
19. Tief in meinem Inneren hocken die junge Frau ausgestattet mit der Fähigkeit Scheiße zu Gold zu reden und das Sonnenkind, fröhlich, glücklich, neugierig.

Pilgerreise

Es gibt keine andere Wahrheit, als Schritt für Schritt seinen Weg zu gehen. Das Leben ist Augenblick, ist Jetzt, für Sorgen hat es keine Verwendung. Heute ist der perfekte Tag zu leben.

Ike 2025

Nachklang

Ich hoffe, es hat Euch erfreut, gemeinsam mit mir zu pilgern, nachzusinnen und zu schreiben.

Wenn Ihr Interesse habt, online oder im Grenzland auf Fuerteventura mit mir zu schreiben, meldet Euch gerne per E-Mail, dann schicke ich Euch meine Angebote zu.

Oder Ihr schaut auf meine Homepage:
www.ikesprenger.de
und lasst Euch dort inspirieren.

Über Rückmeldungen zum Buch freue ich mich sehr.
coaching@ikesprenger.de

Eure
Ike Sprenger

Ike Sprenger, Dipl.-Päd., Systemischer Coach, SchreibCoach und Autorin.

Zahlreiche Veröffentlichungen in Fachzeitschriften und hauseigenem Verlag zu den Themen Führung, Selbstmanagement, Coaching und SchreibCoaching.

Zum vorliegenden Buch:

Das Buch „SchreibMeditation: Die Insel der Stille" lädt die Leser/-innen zum Nachsinnen und Schreiben ein. Die Form der schriftlichen Meditation ermöglicht, das Erkannte und Erlebte anschließend erneut zu reflektieren und zur Ausrichtung des persönlichen Lebenswegs zu nutzen. Eigene Texte der Autorin geben Einblick in ihr Leben und Schaffen.

Ike Sprenger lebt und wirkt an ihren beiden Wohnorten: dem Grenzland auf Fuerteventura und dem Ruhrgebiet.

Ebenfalls bei BoD – Books on Demand erschienen:
„Ein Dutzend Orte und ihre Zeitgeister - Ein Episodenroman",
2022
ISBN: 9 783 756 862443

„Eine Reise durch die Welt der Chakren - Informationen, Übungen, Impulse zum Schreiben", 2023
ISBN: 9 783 748 148487

„SchreibLust - Einladung zum Mitschreiben", 2024
ISBN: 9 783 759 719898

„Nomadin des Sommers - Eine Lebensreise", 2024
ISBN: 9 783 759 703033

„SchreibKunst – Bilder als Ausdruck der Seele", 2024
ISBN: 9 783 759 784810